Daniel Stosiek

Hintergrundunabhängige

Menschenrechte und Natur

Herstellung und Verlag: BoD – Books on Demand,
Norderstedt.
ISBN: 9783749447947

In der Situation weltweiter Flucht und Migration, in welcher immer mehr Menschen in eine Situation geraten, in der es keine demokratisch ermächtigte Instanz gibt, die ihnen irgendwelche Rechte zubilligt, möchte ich neu über die Menschenrechte nachdenken und Gedanken zur Diskussion und zur Disposition stellen. Die Menschenrechte, die bereits formuliert wurden und als Anspruch existieren, setze ich voraus, und deshalb sind meine Gedanken nur als Ergänzung zu verstehen. Aber die Überlegungen sind zu komplex, als dass ich sie in Paragraphen formulieren könnte; es wird vielmehr ein argumentierender Text.

Bei den bereits formulierten Menschenrechten denke ich besonders an die Allgemeine Menschenrechtserklärung durch die UNO, die Unterteilung und Erweiterung in politisch-individuelle und kulturelle, wirtschaftliche und soziale Rechte, sowie die Erklärung der Rechte indigener Völker.

Zuersteinmal ist die mindestens doppelte Frage zu stellen und zu beantworten, *wer wem* Rechte gibt. Daran schließt sich die erst konkret an Beispielen zu beantwortende dritte Frage an, *wie*, mit welchen Mitteln, jemand jemandem Rechte erfüllen kann.

Die erste doppelte Frage möchte ich, analog zur physikalischen Kosmologie (Lee Smolin[1]), "hintergrundunabhängig" zu beantworten suchen. An die Stelle eines gegebenen Hintergrundes wie absoluter Raum treten dort universale Wechselwirkungen und Interaktionen. Damit meine ich in Bezug auf die soziale Wirklichkeit, dass ich keine Instanz außerhalb der Gesellschaft annehme, welche die Rechte definiert, gibt, garantiert.

Die hintergrundunabhängige Situation beschreibt die Menschheit, die als Fragment der Mensch-Natur-Beziehung sich selber reproduziert und transformiert. Die inhaltliche Orientierung, *welche* Rechte Menschen brauchen, um menschlich leben zu können, entnehme ich unter anderem Arbeiten und Hinweisen über die menschlichen Bedürfnisse wie von A. N. Leontjew, Fernando Vidal Fernández und indirekter von Baruch Spinoza[2], die ich mit weiteren

---

[1]Lee Smolin: Im Universum der Zeit. Auf dem Weg zu einem neuen Verständnis des Kosmos, München 2014 (orig. Englisch: Time Reborn, New York 2013), S. 171ff.

[2]A. N. Leontjew: Tätigkeit, Bewußtsein, Persönlichkeit, Köln (Pahl-Rugenstein Verlag) 1982 (orig. russ. 1975).
Fernando Vidal Fernández: Soziale Exklusion, Moderne und Aussöhnung, in: Thomas Hoffmann, Wolfgang Jantzen, Ursula Stinkes (Hg.): Empowerment und Exklusion. Zur Kritik der Mechanismen gesellschaftlicher Ausgrenzung, Gießen (Psychosozial-Verlag) 2018, S. 49-101.

Überlegungen zur Macht durch letzteren Autor und Enrique Dussel und zu Selbstorganisationstheorien der Materie und damit verknüpften energetischen Prozessen verknüpfe.

Macht

Bei der doppelten Frage, *wer wem* Rechte garantieren, geben, erfüllen kann, denke ich an die Theorie über die Macht in der Arbeit von Enrique Dussel *20 Thesen zu Politik*[3]. Dussel zufolge liegt die Macht zuerst beim Volk, der Bevölkerung, der Gemeinschaft; und jede konkrete Anwendung der Macht ist eine *Delegation*, eine Übertragung, die immer an die Basis rückgebunden bleibt. Ich vermute aber, lernend von Argumenten bei indigenen Völkern und durch energetische Überlegungen (Macht ist potentielle Energie, die aus der Interaktion aller Prozesse resultiert[4]), dass die Basis der Macht in der Mensch-Natur-Beziehung liegt, so dass die Macht des Volkes oder der

---

Baruch de Spinoza: Ethik in geometrischer Ordnung dargestellt, lateinisch deutsch, neu übersetzt und herausgegeben von Wolfgang Bartuschat, Hamburg 2007.
Baruch de Spinoza: Tractatus Theologico-Politicus. Theologisch-Politischer Traktat, herausgegeben von Günter Gawlick und Friedrich Niewöhner, Darmstadt 1979.
[3]Enrique Dussel: 20 Thesen zu Politik, Münster/Berlin (Lit Verlag) 2013.
[4]So argumentiere ich ausführlicher in meiner Veröffentlichung *Die Revolution der Erde*, Norderstedt (B.o.D.) 2018.

Gemeinschaft bereits eine übertragene Macht ist. Das heißt, es gibt keine Macht ohne die Natur als Subjekt. Aber unter dieser Voraussetzung der Alterität und des Hörens lässt sich denken, dass eine Gruppe von Menschen, eine Gemeinschaft, die ganze Menschheit oder auch immer Fragmente von dieser, beschließt, einander Rechte zu garantieren. Dies geschieht immer gegenseitig, einander, reziprok und unter der Voraussetzung, dass es in einer guten sozialen Beziehung mit der übrigen Natur möglich ist. Unter dieser Voraussetzung geben sich die/wir Menschen mittels der Macht, die sie selber innerhalb der Mensch-Natur-Beziehung haben, die Rechte, die sie/wir brauchen, um gut und human leben zu können. Die erste Antwort auf die doppelte Frage "wer wem" ist also die reflexive, die Menschen geben sich die Rechte selber. Erst sekundär überträgt eine Gemeinschaft die Aufgabe, für die Formulierung, Einhaltung usw. zu sorgen, verschiedenen möglichen Instanzen wie beispielsweise PolitikerInnen, einer von ihr geschaffenen Regierung, sozialen, religiösen oder anderen Organisationen usw.

Da dies "hintergrundunabhängig" geschieht, ist nicht nur darüber nachzudenken und die Frage zu beantworten / das Problem zu lösen, welche Rechte die Menschen brauchen, sondern auch, wie sie die Rechte erfüllen, wer dabei welche Aufgabe übernimmt usw. Dies Letztere führt daher auch zu Menschen*pflichten*, zu Aufgaben und sozialer Verantwortung. Wenn wir uns beispielsweise darauf einigen, dass eine bestimmte Menge und Qualität an *Bildung* Menschenrecht sein soll, dann müssen auch Menschen LehrerInnen sein, Schulen und Universitäten bauen, und sie dürfen diese Tätigkeiten nicht privatisieren (=korrumpieren, d.h. den Mitmenschen entziehen). Das zu gewährleistende Menschenrecht auf gute, d.h. ausreichende und gesunde *Ernährung* impliziert, dass Menschen in der Landwirtschaft arbeiten, sich angemessen um das Land und die Biosphäre kümmern und ebenso diese Arbeit der übrigen Gesellschaft zur Verfügung stellen, was wiederum nur dann funktioniert, wenn sie im Gegenzug die Früchte der Arbeit der anderen Menschen erhalten. Hier verbietet sich nicht nur die Korruption durch Privatisierung, sondern auch überflüssige Nahrungsproduktion (einschließlich Essen wegzuwerfen), um die Natur nicht mehr als notwendig auszubeuten.

Grundlegung der Menschenrechte im Bedürfnis

Hans Jonas argumentiert im "Prinzip Verantwortung"[5], dass das *Wollen* als die Dimension der Zweckhaftigkeit in der Natur in der Welt des Menschen in ein *Sollen* übergeht. Dieser Gedanke lässt sich gut verknüpfen mit der *Ethik*, die Spinoza in seiner Affektenlehre in fundamentalen Qualitäten des Universums, insbesondere in Bestrebungen des Menschen grundlegt[6], sowie mit dem Gedanken der *Entwicklung*, bei der bereits entwickelte Formen in qualitativ neue Dimensionen übergehen, dabei aber von der je rudimentärsten bis zur komplexesten Stufe dieselben Eigenwerte in jedesmal variierter Form verwenden. So kann sich beispielsweise der soziale Sinn einfachster Resonanzen zwischen Molekülen oder dissipativen Systemen über viele Stufen bis zum sozialen Sinn menschlicher Gesellschaften fortentwickeln. Ein solcher Gedanke setzt natürlich voraus, von einem positivistischen Naturverständnis Abstand zu nehmen.

---

[5]Hans Jonas: Prinzip Verantwortung. Versuch einer Ethik für die technologische Zivilisation, Frankfurt am Main (suhrkamp taschenbuch) 1984, S. 153ff.
[6]Baruch de Spinoza: Ethik (s.o.).

Die Grundlage der Menschenrechte, der Punkt wo der Übergang vom Wollen zum Sollen anzusetzen ist, sind die menschlichen Bedürfnisse. Diese wiederum sind in Termini der Philosophie des Spinoza Funktion des *conatus*, des Strebens jedes Dinges, im Dasein zu verharren. Der *appetitus* ist der *conatus* im Hinblick auf Körper und Geist; die *cupiditas* (Begehren), ist der *appetitus*, insofern der Geist sich seiner bewusst wird. Der *conatus* realisiert sich mittels der drei Grundaffekte, des Begehrens (*cupiditas*), der Freude (*laetitia*) und der Trauer (*tristitia*), wobei Freude eintritt, wenn das "Ding"/Subjekt seine Macht zu handeln und zu denken erhöht, und Trauer, wenn diese vermindert werden. Das *Bedürfnis* des Menschen ist also als *appetitus* des Menschen zu begreifen, der *Wunsch* dagegen als die humane *cupiditas*.

Conatus

Der Conatus, wie von Spinoza gedacht, ist ein universales Konzept. Jedes "Ding" (res) strebt danach, im Dasein zu verharren, bzw. seine Macht zu handeln und zu denken zu erhöhen, und daraus leiten sich die Grundaffekte ab. Da nach Spinoza Materie (Ausdehnung) und Geist nicht verschiedene Substanzen, sondern Attribute je derselben Wirklichkeit sind, trifft der Gedanke des Conatus zunächst für alle Dinge im Universum zu. Aber insbesondere ist er bedeutsam für alle lebende "Dinge", und noch spezieller für die Menschen. Aufgrund der Universalität ist der Conatus auf allen Systemebenen anzusetzen: er ist bei der kleinsten Zelle zu vermuten, wie bei allen mehrzelligen Organismen, bei allen Menschen und bei allen sozialen Zusammenhängen. Dies letztere betrifft soziale Gruppen innerhalb und zwischen Arten. Von Conatus lässt sich daher bei jedem einzelnen Menschen reden, wie bei Gruppen, Gemeinschaften, Staaten usw., aber auch bei ökologischen Systemen, also den vielen verschiedenen Beziehungen zwischen Menschen, Pflanzen, Tieren, Erde usw. D.h. jedes soziale System ist als Zusammenhang zu verstehen, dem eine überindividuelle Subjektivität zukommt.

Energetische Aspekte bei der Autopoiesis

Wenn das Bedürfnis des Menschen grundlegend eine Funktion seines Conatus, seines Strebens im Sein zu verharren und seine Macht zu denken und zu handeln zu erhöhen, ist, dann sind nun als nächster Schritt basale

Elemente des Daseins bei Theorien der Autopoiesis und damit verknüpften energetischen Prozesse zu untersuchen, um von da aus die wichtigsten Dimensionen des Bedürfnisses besser zu begreifen.

Diese energetischen Prozesse beziehen sich auf alle Formen des Lebens auf der Erde (sie sind auch für dissipative Systeme wie z.B. Galaxien, die Selbstorganisation von Sternen u.ä. zu vermuten, was an dieser Stelle nur angemerkt sei). Denn wenn ein jedes "Ding" danach strebt, im Dasein zu verharren (wobei die Grundaffekte und damit die gesamte Subjekthaftigkeit daran geknüpft ist), dann ist die Frage bei lebenden Systemen naheliegend, wie es das denn anstellt.

Ein lebendes System wie ein Pflanze oder ein Tier braucht, um existieren zu können, eine bestimmte Form an potentieller Energie bzw. Energie im Zustand des thermodynamischen Ungleichgewichts, d.h. niedriger Entropie. Dies findet die Pflanze in der Sonnenenergie im Verhältnis zur Erde und dem Weltall, wo die in Wärme umgewandelte Energie abgestrahlt werden kann; die Tiere wiederum finden diese freie Energie in den Pflanzen, die für sie Nahrung bedeuten, und im durch die Photosynthese freigestetzten Sauerstoff. Der Lebensprozess jedes

Organismus sowie auch jedes sozialen Systems vollzieht sich in zwei einander entgegengesetzten, aber zugleich einander komplementären energetischen Richtungen. Der eine Aspekt ist "Arbeit", ein Prozess, wo der Organismus durch Energieauffwand und im Austausch mit der Umwelt sich selber eine Struktur potentieller Energie aneignet und herstellt, die ihm das weitere Überleben ermöglicht. Dies kann schematisch als der Übergang von kinetischer in potentielle Energie bezeichnet werden, wo innerhalb des Organismus oder sozialen Systems Entropie verringert und Ordnung erhöht wird. Der andere Aspekt betrifft den Verbrauch ebendieser potentiellen Energie, also den umgekehrten Übergang von potentieller in kinetische Energie, wo also Entropie zunimmt und Ordnung abgebaut wird.

Dies trifft für den Menschen, für Individuen, Gemeinschaften, Mensch-Natur-Beziehungen genauso zu wie für das übrige Leben.

Viele Abhandlungen über Bedürfnisse und über grundlegende Rechte des Menschen betrachten nur den einen energetischen Aspekt, den Zugang zu potentieller Energie im Austausch mit der Umwelt (z.B. Land, Arbeit, Geld), übersehen aber den umgekehrten Aspekt, der genauso notwendig zum humanen Bedürfnis gehört, nämlich die Verausgabung von Energie, um individuell wie sozial die Struktur potentieller Energie wiederherzustellen, die wiederum den Verbrauch ermöglicht. Oder um es in gewöhnlicheren Worten auszudrücken, es muss zum menschlichen Grundbedürfnis und damit auch zum Menschenrecht gehören, dass jeder Mensch mit eigener Arbeit an der Reproduktion der menschlichen Gemeinschaft und der Mensch-Natur-Beziehung mitwirkt. Nur dann kann der individuelle Conatus teilhaben am sozialen Conatus, der individuelle Lebenssinn am sozial geteilten Sinn. Das denkbare Modell, dass ein kleiner Teil der Menschheit mit hoch entwickelter Technologie die wesentlichen Lebensmittel wie Nahrung, Behausung, Technik usw. produziert und die Mehrheit ein bedingungsloses Grundeinkommen erhält und damit alle Zeit für Hobbys hat, wäre zwar besser als die soziale Exklusion, die sie verhungern ließe, oder als Zwangsarbeit, aber damit hätte der Mensch kein humaneres Leben als ein Hamster im Käfig mit Futter und der Freiheit, seine Kräfte im Laufrad zu verausgaben.

Ernährungssouveränität und äquivalente Alternative

Anhand des Konzeptes der Ernährungssouveränität und möglicher gleichwertiger Alternativen lässt sich ein Komplex von Bedeutungen skizzieren, von dem bestimmte Menschenrechte ableitbar sind.

a) Ernährungssouveränität

Ernährungssouveränität bedeutet bekanntlich mehr als Ernährungssicherheit, nämlich über letztere hinaus auch die Verfügung über die Mittel, um die eigene Ernährung zu gewährleisten. Es kann sich um verschiedene Größenordnungen menschlicher Gemeinschaften handeln wie etwa eine Gemeinde, ein Dorf, eine Region, ein ganzes Land. Beispielsweise war Mexiko als Land vor dem Freihandelsabkommen NAFTA von 1995 ernährungssouverän, verlor daraufhin diese Qualität. Ernährungssouverän ist eine Gemeinschaft in der Regel dann, wenn sie über genügend Land verfügt, alles Notwendige für die eigene Ernährung selber anbaut und so viel Freiheit über die diesbezüglichen eigenen ökonomischen Belange hat, dass sie selber über die

Verteilung der entsprechenden Arbeit und der Früchte der Arbeit entscheiden kann.

Um über Menschenrechte nachzudenken ist es gut, Orientierungen indigener Völker mitzubedenken. Nach verbreiteten Vorstellungen bei indigenen Völkern gehört nicht das Land dem Menschen, sondern der Mensch zum Land. Zu den Menschenrechten innerhalb des Konzeptes der Ernährungssouveränität ist dann zu bedenken, dass alle Menschen sich in Respekt vor der sie umgebenden Natur, der Biosphäre, ausreichend und gut ernähren können, und dass sie mit ihrer Arbeit sich aktiv an der Bereitstellung der Ernährung des Gemeinwesens beteiligen dürfen. Beide Aspekte gehören zum Menschenrecht und sind miteinander verknüpft. Dies bedeutet aufgrund sinnvoller Arbeitsteilung nicht, dass die Verteilung der Früchte der Arbeit quantitativ genau der Menge der geleisteten Arbeit individuell oder gruppenmäßig entspräche, da es unterschiedliche physische Kräfte und Arbeitsbeiträge gibt, sondern die Verteilungen müssen entsprechend den Bedürfnissen ausgehandelt oder entschieden werden. Aber die Verknüpfung geht so weit, dass es Menschenrecht ist, sowohl einen adäquaten Zugang zur Ernährung zu haben, als auch sich mit eigener Arbeit physisch, geistig und entscheidungsbezogen an der

Bereitstellung der Ernährung des betreffenden Gemeinwesens zu beteiligen, wobei die Menschen einander bezüglich dieser Beteiligung ungeschmälert anerkennen, unabhängig vom Anteil an der Arbeit. Ein weiterer Punkt ist, dass aufgrund des Anteils der Natur (v.a. Biosphäre) an der sozialen Macht sowohl überflüssige Nahrungsproduktion als auch deren Korruption, die Privatisierung, verboten ist. Beides leitet sich daraus ab, dass der Mensch die Natur nicht mehr, als für seine Bedürfnisse notwendig ist, ausbeuten soll. Dieses zuletzt genannte *Sollen* wiederum entspringt einem *Wollen* übergreifender Größenordnung, nämlich dem Wollen, dem Conatus, des sozialen Sinnes, der komplexen Beziehung zwischen Mensch und Natur, dem Lebendigseinwollen dieses planetarischen Zusammenhanges.

Die zuletzt genannten *Rechte* 'in beiden Richtungen' bedürfen, wie mit dem Argument der 'Hintergrundunabhängigkeit' argumentiert wurde, zugleich reziproker *Verpflichtung* des betreffenden Gemeinwesens. Zum einen ist es nötig, dass die Menschen tatsächlich Nahrung produzieren, sich dabei gut um das Land kümmern und die übrige Natur respektieren, auch dass sie bereit sind, die *Früchte* der Arbeit den Bedürfnissen entsprechend untereinander zu verteilen. Insbesondere verlangt es die aus verschiedenen Gründen immer gegebene Ungleichheit körperlicher und geistiger Leistungsfähigkeit, dass diejenigen, die mehr Arbeitsleistungen vollbringen, denjenigen einen bedürfnisorientierten Anteil abgeben, die quantitativ weniger zu produzieren in der Lage sind. Zum anderen ist es notwendig, dass die Menschen des Gemeinwesens allen Beteiligten einen Anteil an der *Arbeit* zugestehen, d.h. einen Teil der Macht, sich selber als Gemeinwesen zu reproduzieren, oder noch weiter gedacht, den gemeinsamen Mensch-Natur-Zusammenhang, an welchem das humane Gemeinwesen Anteil hat, mitzuschöpfen. Beides sind Verpflichtungen, die der ganzen Gemeinschaft, allen Menschen reziprok zukommen. Dabei ist es möglich und aufgrund der Arbeitsteilung sinnvoll, die Aufgabe, auf die Einhaltung der Menschenrechte und die entsprechenden Verteilungen der Arbeit, der Macht und der Früchte der Arbeit bestimmten Subjekten und zu konstruierenden Gremien zu *übertragen*, zu *delegieren*, etwa einer gewählten Regierung, einem Runden Tisch, oder um Machtmissbrauch vorzubeugen, wie bei den Zapatisten in Mexiko einer rotierenden Regierung. Denn immer bleibt es reziproke Aufgabe der ganzen Gruppe. Ein solches

gewähltes oder rotierendes Gremium hat dann auch die
Funktion, bei Konflikten zu vermitteln.

b) Alternative zur Ernährungssouveränität – Komplexität und Rekursivität

Die Komplexität bleibt nur dann verständlich, wenn sie auf
die je einfachere, basale Struktur zurückführbar ist, solange
die Rekursivität erhalten wird, solange Unterscheidungen
nicht zu dichotomen Trennungen werden. Man kann
grundlegende Rechte der Menschen zusammenfassen wie
Papst Franziscus 2015 vor bolivianischen Bauern/innen als
TTT: Land (tierra), Arbeit (trabajo), Haus (techo=Dach). Aber
wie können die Grundrechte der Ernährungssouveränität
gewahrt bleiben in Gesellschaften, die eine Arbeitsteilung
entwickelt haben, welche es ermöglicht, dass nur ein kleiner
Prozentsatz der Bevölkerung in der Landwirtschaft arbeitet
und genug für alle produziert? Gibt es ein Äquivalent zur
Ernährungssouveränität, das auf diese hin rekursiv bleibt?
Das ist möglich, solange diese Rechte mit sozialen
Verpflichtungen verknüpft sind. Die Souveränität der
Ernährung muss in die Souveränität der Selbstreproduktion
des Gemeinwesens (in Abstufungen von der kleinsten

Einheit [Individuum, Familie, Gruppen in denen alle einander persönlich kennen] bis zur größten, der Menschheit in Beziehung zur Natur) integriert sein. Wie bisher darf es keinerlei Eigentum an Land geben, sondern alle Menschen (unabhängig von sozialen Konstruktionen wie Nationalstaat, Kulturbereich oder anderen Institutionen) gehören zur Erde und haben dieselben Rechte in Bezug auf diese. Wenn die Menschheit sich selber, d.h. allen ihrer Mitglieder, das Recht auf gute und gesunde Ernährung gewährleisten will, und falls sie (bzw. *wir*) dies beschließen sollte(n), dann ist es notwendig, einen Teil der Menschen mit der Arbeit in der Landwirtschaft zu beauftragen. Diejenigen, die in der Landwirtschaft arbeiten, müssen die Biosphäre und das Land respektieren und dürfen – wie bereits gesagt – quantitativ nicht mehr produzieren als für die Bedürfnisse der Menschen notwendig oder nützlich ist. Auch darf die Nahrungsproduktion nie korrumpiert noch privatisiert werden. Ein Gebot, das für alle Menschen gilt, ist, nie Essen oder Nahrung wegzuwerfen, denn es handelt sich um vergegenständlichte lebendige Arbeit der Menschen und der Natur. Diejenigen, die in der Landwirtschaft arbeiten, sind verpflichtet, die Früchte der Arbeit allen Menschen, orientiert nach den Bedürfnissen, zukommen zu lassen (nach denselben Kriterien wie bei "Ernährungssouveränität" argumentiert). Solche Belieferung darf nie als Almosen interpretiert werden, denn dies würde zu einer inakzeptablen Ungleichheit der Machtverteilung führen, sondern es handelt sich um ein zu beanspruchendes Recht, welches das gesamte Gemeinwesen sich selber gibt, wobei die vorläufige Verminderung der Macht bei den nicht Nahrung Produzierenden kompensiert wird, und zwar teils durch alternative Machtzuteilungen (etwa durch andere Arbeitsvorgänge) und teils durch die immer gegebene Option der Rekursivität, bei Missbrauch der Macht, deren Verkehrung in Korruption, Privatisierung oder Herrschaft durch bestimmte Subjekte oder Gruppen, falls sie sich nicht korrigieren, diese *vom Thron zu stürzen* und sich als Gemeinwesen neu zu organisieren.

Der Nachteil, dass ein größerer Teil der Menschen nicht mehr in der Landwirtschaft arbeitet und daher die Ernährungssouveränität verlöre und damit von ungleich verteilter Macht Anderer abhängig würde – fehlte das gleich zu thematisierende Äquivalent –, wird dadurch behoben, dass jeder Mensch das unveräußerliche Recht hat, welches wiederum die Menschen einander, reziprok, zubilligen, mit eigener Arbeit an der Reproduktion und

Selbsttransformation des eigenen Gemeinwesens – wie der Mensch-Natur-Beziehung – teilzunehmen. Der Unterschied ist nur, dass diese Partizipation nicht im Bereich der Nahrungsproduktion stattfinden muss, sondern sich auf andere Bereiche humaner Wirtschaft beziehen kann, für welche dann wiederum dieselben Grundprinzipien (wie nicht privatisieren, nicht korrumpieren usw.) gelten wie für die Landwirtschaft. Diese anderen Bereiche können ausnahmslos alle Aktivitäten sein, mit denen sich ein Gemeinwesen selber reproduziert und transformiert: Gesundheitswesen, Architektur, alle technischen Berufe, Wissenschaft, Musik, Künste etc.

Auch wenn die Macht weiterhin in der Beziehung zwischen der gesamten Bevölkerung und der Natur liegt, wird es wieder sinnvoll sein – wie beim Paradigma der Ernährungssouveränität argumentiert –, im Sinne der Arbeitsteilung bestimmten Subjekten oder zu schaffenden Gremien (runden Tischen, rotierenden Regierungen, o.ä.) die ursprünglich dem gesamten Gemeinwesen zukommende Aufgabe zu *delegieren*, die Verteilung der Arbeit und der Früchte der Arbeit zu vermitteln und zu organisieren. Es ist so wichtig, das Bewusstsein der Rekursivität zu erhalten und an den Charakter der *Delegation*, der Übertragung dieser

Aufgaben zu erinnern, damit das sich als demokratisch und reziprok verstehende Gemeinwesen im Falle von Korruption, Privatisierung oder anderen Vorkommnissen von Machtmissbrauch oder Unrecht der gewählten Gremien gegenüber dem Gemeinwesen selber oder gegenüber der umgebenden Biosphäre und Erde dem Gremium die Befugnis entziehen kann, Revolutionen im Interesse aller durchzuführen, d.h. sich in seiner Selbstorganisation zu transformieren vermag.

Gesundheit

Mit dem Menschenrecht auf gesundheitliche Versorgung (ohne vollständig zu sein: ärztliche Behandlung, Prävention, Grundbildung zu gesunder Lebensweise, usw.) verhält es sich ganz ähnlich, zum großen Teil analog, wie mit der Thematik der Ernährung. Deshalb beschränke ich mich hier auf einige skizzierende Gedanken. Je komplexer und professioneller das Gesundheitswesen wird, desto mehr ist es auf Arbeitsteilung angewiesen, und desto größer wird quantitativ die jeweilige gesellschaftliche Einheit, die zur "gesundheitlichen Souveränität", d.h. zur eigenständigen Lösung gesundheitlicher Probleme, soweit diese möglich ist, fähig bleibt. Dieser Nachteil wird ausgeglichen, indem die Personen, die im Bereich des Gesundheitswesens arbeiten, ihre Dienste allen Menschen gleichermaßen zukommen lassen, was impliziert, dass die gesamte Gesellschaft sich so organisiert, dass auch alle Menschen versorgt werden können. Das gilt auf lokaler Ebene wie universal für alle Menschen. Dazu kommt, dass diejenigen Menschen, die nicht im Gesundheitswesen arbeiten, das Recht haben, auf andere Weise mit ihrer eigenen Arbeit an der Reproduktion des Gemeinwesens zu partizipieren.

Auch in diesem Bereich kann wiederum ein (ev. dasselbe wie bisher) von der Bevölkerung gewähltes Gremium mit der Aufgabe betraut werden, die Verteilung der Ausführung und des Empfangens der Dienste zu organisieren und bei Konfliktfällen zu vermitteln. Es muss aber aufgrund der Rekursivität immer die Möglichkeit bestehen, dass diejenigen Gremien, Subjekte und Gruppen, die einen Überschuss an Macht erhalten, sei es im Bereich der Gesundheit, der Ernährung oder anderswo, wie auch bei vermittelnden Aufgaben etwa einer rotierenden Regierung, bei Missbrauch der Macht (Korruption, Privatisierung sozialer Bereiche u.a.) abgewählt und wenn nötig *vom Thron gestürzt* werden können, und dass die Gesellschaft neue Formen der sozialen Selbstorganisation erfindet.

Die geringer werdende Souveränität bzgl. der Gesundheit aufgrund wachsender Arbeitsteilung wird *aufgehoben* (im Hegelschen Sinne des Wortes) in der übergreifenden Souveränität der Reproduktion des Gemeinwesens überhaupt wie auch in der jeweiligen Gesundheitssouveränität geographisch bzw. bevölkerungsmäßig größerer Gebiete. Die umfassendste Einheit beider Aspekte wäre die ganze Menschheit, wo eine übergreifende Souveränität zu veranschlagen ist. Diese Einheit ist aber wiederum Anteil und Baustein des noch weiteren Zusammenhanges der Beziehung zwischen Menschen und Natur. Erst ein solcher Beziehungszusammenhang als offenes System kann souverän sein, niemals ein geschlossenes System, und wäre dies die gesamte Menschheit. Aber auch umgekehrt ist die jeweils größere Einheit gegenüber der je kleineren nicht autark. Der jeweils umfassendere Zusammenhang besteht auch aus den Bereichen von je geringerer Größe wie ein Körper aus Organen und Zellen oder ein Haus aus Ziegelsteinen. Wenn also die kleineren Einheiten menschlicher Gesellschaft in einem Bereich wie der Gesundheit aufgrund der wachsenden Arbeitsteilung völlig ihre Souveränität verlieren, dann haben auch die größeren Einheiten keinen Bestand und brechen zusammen wie ein Kartenhaus. Die Gefahr der Entfremdung wächst zusammen mit wachsender Komplexität. Wir müssen also ein gutes Verhältnis zwischen der kleinsten und der größten Ebene der Souveränität in den verschiedenen Bereichen der Reproduktion der Gemeinwesens, wie eben der Gesundheit, – immer wieder neu – *erfinden*.

Soziale Rechte und unterschiedliche Gesellschaften

Für das Recht auf Bildung gilt grundsätzlich dasselbe wie für andere soziale Menschenrechte wie Ernährung und Gesundheit. Es lässt sich auch das Recht auf Zugang zum Gerichtswesen dazuzählen. Eine Gesellschaft, auch die Menschheit, kann beschließen, dass der Zugang zur Bildung, einschließlich Schulbildung der Kinder, Studium an Universitäten, Zugang zu Bibliotheken u.a. allgemeines Menschenrecht ist. Ebenso die Anrufbarkeit des Rechtssystems. Beides muss dann völlig kostenlos sein, und das bedeutet, dass die Gesellschaft sich so organisiert, dass ein Teil ihrer Mitglieder in diesen Bereichen sozialer Selbstorganisation arbeitet, und dass diese Arbeitenden aufgrund des ihnen verliehenen Machtüberschusses die anvertrauten Aufgaben als Delegationen, Übertragungen auffassen und niemals korrumpieren oder privatisieren dürfen, sondern allen Menschen zukommen lassen. Dies gilt teils universal, bezogen auf alle Menschen, und teils lokal, je nachdem, wie sich die Gemeinwesen organisieren.

Es gibt sowohl die universale Ebene, als auch die lokale. Hinsichtlich der lokalen Ebene besteht die Möglichkeit, dass einzelne Gemeinwesen wie indigene Völker, Kulturen verschiedener Sprachen oder Religionen, selber organisieren, wie sie soziale Belange wie Ernährung, Gesundheit, Bildung und Rechtswesen organisieren. Es ist also immer zu berücksichtigen, dass die universale Ebene der Menschheit sich aus allen spezifischen Gemeinschaften zusammensetzt. Und jede kann selber bestimmen, wie sie Wissen weitergibt, Ernährung organisiert, mit Krankheit und Gesundheit umgeht, und wie sie Konflikte löst. Es kann zu Konflikten und Widersprüchen zwischen lokaler und universaler Ebene, zwischen Diversität und allgemeinen Ansprüchen kommen. Nach AutorInnen des globalen Südens wie Vandana Shiva und Boaventura Sousa Santos wären kulturelle (und biologische) Diversität, "Ökologien", der heutigen Tendenz zu (neokolonialen) Monokulturen vorzuziehen. Wie im Falle der Menschenrechte mögliche Konflikte zwischen der lokalen und der universalen Ebene gelöst werden können, kann ich nicht beantworten, wahrscheinlich geht das nicht allgemein, sondern nur im Einzelnen, aber das Problem sollte als solches erkennbar sein. Eine Annäherung an eine Einigung über universale Menschenrechte wird über viele Stimmen vieler Kulturen, über länger dauernde Dialoge und bei Machtverzicht hegemonialer Kulturen erreichbar sein.

Bedürfnis und Menschenrecht in sozialer Dimension

Sowohl der zeitgenössische peruanische Autor Fernando Vidal Fernández als auch der klassische russische Psychologe A.N.Leontjew entdecken, dass das Bedürfnis des Menschen sich nicht nur auf das Haben bzw. Verbrauchen von eigens dafür zu produzierenden (materiellen, geistigen, gesellschaftlichen) Dingen bezieht, sondern auch auf die schaffende Tätigkeit selbst.[7] Bei diesem Unterschied geht es

---

[7]Zu beiden Autoren siehe Literaturangabe oben. Leontjew, S. 186: "wie das Bedürfnis nach Arbeit, nach künstlerischem Schaffen usw." Vidal an

m.E. nicht um höhere oder niedere Bedürfnisse, sondern die schaffende Tätigkeit muss schon von den rudimentärsten Formen (wie im Tierreich Bauen eines Nestes, bei Menschen Zubereiten von Essen) bis zu den komplexesten Äußerungen wie in Kunst und Wissenschaft äquivalentes Bedürfnis sein. Vidal nennt vier Kategorien, um die Bedürfnisse zu charakterisieren: *Sich-Befinden* (Körperlichkeit, Anwesenheit an einem Ort), *Tun/Machen* (Produzieren, Effekte erzielen), *Haben* (Gegenstände, Familie, Freunde, Recht, Arbeit, *Sein* (Bedeutung, Sinn, Erinnerung, Geschichte...). Was das Tun, Machen oder Produzieren betrifft, ist es wichtig zu erkennen, dass solche transitive Tätigkeit nicht nur vom Ziel eines herzustellenden Gegenstandes oder Zustandes motiviert ist. Denn erstens ist wie argumentiert die Tätigkeit auch ein Bedürfnis in sich (Teil der Energietransformation, schöpferische Verausgabung, die zum Lebensprozess und damit zum Conatus gehört), und zweitens ist der Gegenstand, der jeweilige erreichte oder zu erreichende gegenständliche Zustand oder Dienstleistung, d.h. Produkt

---

mehreren Stellen wie S. 68 als *Bedürfnis*: "Das *Tun/Machen* ist das Bedürfnis, willentlich Effekte zu erzielen und zu erschaffen", S. 73 "das Bedürfnis nach Arbeit und der Transformation der Welt", und als *Recht* S. 82: "Eine Arbeit ist nicht dasselbe wie eine Beschäftigung. Eine Arbeit ist ein Wert schaffender Beitrag für die Gesellschaft – entlohnt oder nicht. Jede Person hat das Recht, eine bedeutsame Arbeit proportional zu ihren Kräften und Kompetenzen zu haben."

im weitesten Sinne des Wortes niemals Ziel in sich, sondern nur Vermittlung der Reproduktion (einschl. Transformation) der Gesellschaft und des Mensch-Natur-Zusammenhanges. Das bedeutet, dass jede produzierende Tätigkeit teilnimmt an der übergreifenden sozialen Reproduktion, am Conatus der lokalen Gemeinschaft, der Gesellschaft, der Menschheit und des Mensch-Natur-Zusammenhängen, wobei die unterschiedlichen Ebenen miteinander verknüpft sind. Und deshalb ist das Recht zu bedeutsamer produzierenden Tätigkeit der Inbegriff des Menschenrechts, das man keinem Menschen verweigern darf.

Die soziale Dimension der produzierenden Tätigkeit gilt für alle Bereiche, für einfache und komplizierte, körperlichere und geistigere Aktivitäten. Bei einem Bäcker ist nicht das Brot, sondern die Ernährung der Sinn des Handelns, bei einer Person, die ein Werk der Musik komponiert, besteht der Sinn der Aktivität im Beitrag zur Reproduktion eines Bereiches gesellschaftlicher Wirklichkeit, nämlich der Musik, der Phantasie, der affektiven und sozialen Entwicklung der Menschen. Zudem sind alle Tätigkeiten auf die Natur angewiesen, und sie müssen diese in langer Perspektive reproduzieren helfen.

Aus allen Nuancen der humanen Bedürfnisse, wie Fernando Vidal sie nennt[8], lassen sich zu formulierende Menschenrechte ableiten, wie, um ein paar Beispiele zu nennen: ("jeder Mensch hat das Recht zu") *funktionieren* (vitale Funktionen, sehen, hören, spüren, umarmen); mit eigenem *Namen* in seiner Einzigkeit anerkannt zu werden; sich zu *ernähren* und zu erhalten; Familie, Freundschaften und Arbeit zu haben; sich Symbole und Sinn anzueignen; einen geographischen und geschichtlichen Ort des eigenen Lebens zu haben; *erzählen* und berichten zu können; zu einer *Gemeinschaft* zu gehören.

Es ließen sich weitere Rechte ergänzen wie z.B. in einer Fassung der Frauenrechte der Zapatistas in Chiapas (Mexiko) das Recht, die eigenen Gefühle auszudrücken.

Aber das Menschenrecht zu produzierender Tätigkeit, welche im umfassenderen Sinn die Teilnahme an der Selbsterzeugung der Gemeinschaft, der Gesellschaft, des Mensch-Natur-Zusammenhanges bedeutet, also das Recht zur Partizipation an der Schöpfung (bis hin zur Autopoiesis des Universums), ist ein übergreifendes Recht, weil solche

---

[8]S.o., S. 71-74.

Tätigkeit die Bedingungen für die Möglichkeit der Garantie aller übrigen Rechte produziert. Dieses Menschenrecht ist das aktivste, weil es den je einzelnen Menschen mit dem je größten sozialen Zusammenhang verknüpft, und es ist bei einer "hintergrundunabhängigen" Betrachtung der Menschenrechte unerlässliche Bedingung für deren Möglichkeit.

Menschenrechte, von der *Alterität*, vom Antlitz des/der Anderen her betrachtet, bedarf der Abschaffung jeden Rassismus. Nach Aníbal Quijano ist die Herrschaft Voraussetzung für die Ausbeutung, und der Rassismus ist in der weiterhin nicht dekolonisierten Weltgesellschaft ein wichtiges Instrument der Herrschaft.[9] Aber nur in einer Welt ohne Ausbeutung kann sich das Schöpferische der Menschen und der Natur entfalten, ohne welches wir die Bedingungen für die Verwirklichung der Menschenrechte nicht produzieren können.

Die Verwirklichung der Menschenrechte wäre denkbar in einem Sozialismus, wie Aníbal Quijano diesen in kritischer Abgrenzung von den staatszentrierten Modellen des

---

[9] Aníbal Quijano: Kolonialität der Macht, Eurozentrismus und Lateinamerika, Wien – Berlin (Verlag Turia + Kant) 2016, S. 114.

historischen Ostblocks andeutet: es wäre "der Vorgang einer radikalen Rückführung der Kontrolle über die Arbeit, ihre Ressourcen und Produkte, über Geschlechtlichkeit/Ressourcen/Produkte, über die staatlichen Machtbefugnisse/Institutionen/Gewalt und über Intersubjektivität/Wissen/Kommunikation in das alltägliche Leben der Menschen"[10].

Dieses ganze Nachdenken über die Menschenrechte scheint utopisch zu sein. Um sie so oder vergleichbar zu ermöglichen, müssten wir die Macht in der Gesellschaft gleichmäßiger verteilen, Privateigentum an Land abschaffen, den Großteil der Wirtschaft demokratisieren, schließlich den Kapitalismus beenden, da die Mehrwertgenerierung über die Ausbeutung der schöpferischen lebendigen Arbeit der Natur und der Menschen geschieht (in Form von Monokulturen, ökonomischen Megaprojekten, Massentierhaltung, Fabriken usw.).[11] Ohne die Befreiung dieses Schöpferischen von Unterdrückung und Ausbeutung können wir die sozialen Strukturen der Menschenrechte nicht erzeugen. Wenn ich mit meiner Argumentation Recht

---

[10]Ebd., S. 115.
[11]wie ich in *Die Revolution der Erde* (s.o.) argumentiere.

habe, dann zeigt der Schein des Utopischen, wie tiefgreifend sich die Gesellschaft verändern müsste, damit wir grundlegende Menschenrechte verwirklichen könnten.